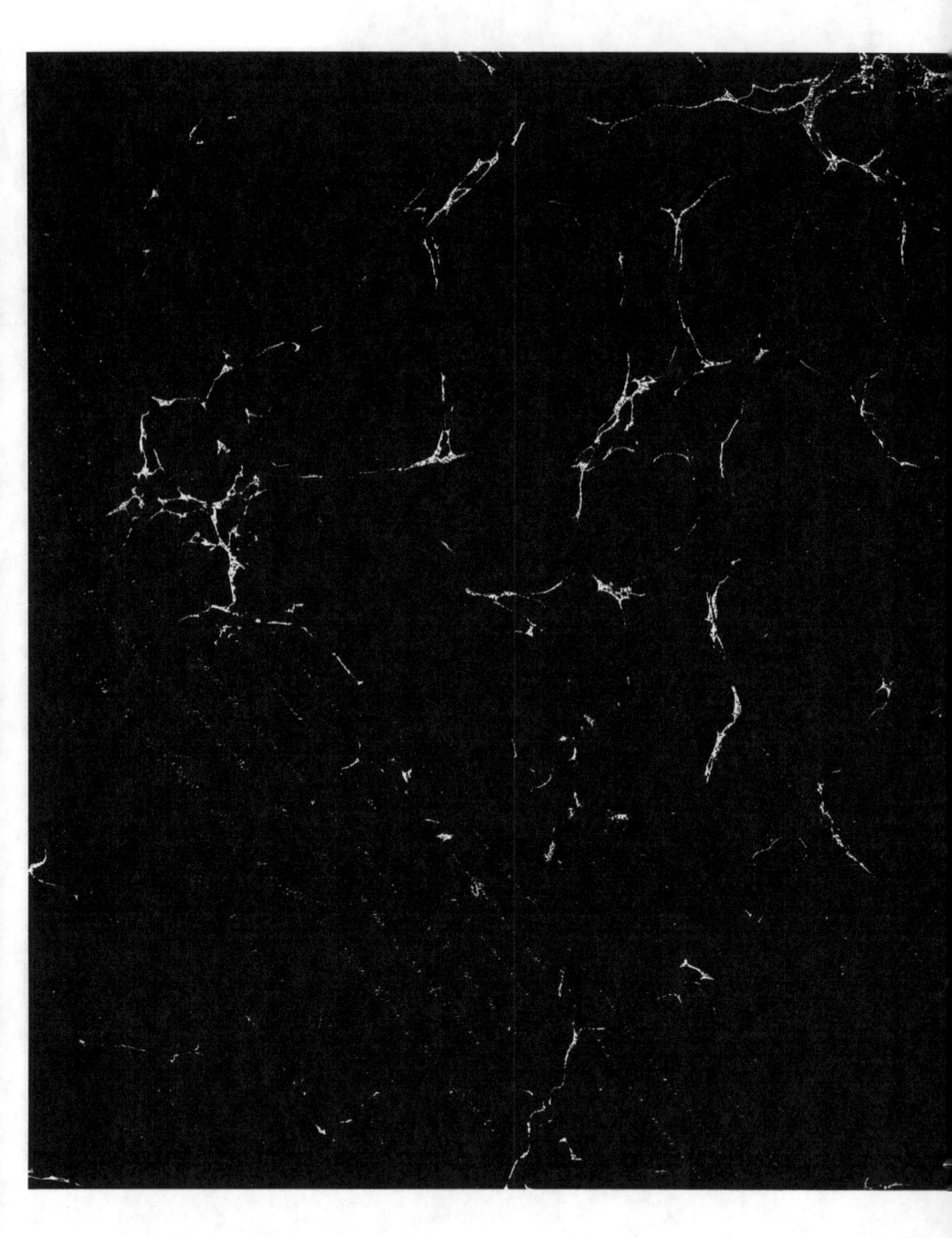

V

Texte in 8°.

4°. V 2551.   (Le texte est 8°. V 2551.)
    Cca.2.   Cca.1.

11979

ESSAI

SUR LA

FORTIFICATION

MODERNE.

ESSAI

SUR LA

FORTIFICATION

MODERNE

OU

ANALYSE COMPARÉE DES SYSTEMES MODERNES FRANÇAIS ET ALLEMANDS,

PAR

Le Bon P.-ÉMILE MAURICE,

CAPITAINE DU GÉNIE, ANCIEN ÉLÈVE DE L'ÉCOLE POLYTECHNIQUE.

PLANCHES.

PARIS

A LA LIBRAIRIE MILITAIRE

DE **J. DUMAINE**, NEVEU ET SUCCESSEUR DE **G. LAGUIONIE**,

(MAISON ANSELIN)

Rue et passage Dauphine, 36.

1845

Extrait du Catalogue général.

AIDE-MÉMOIRE PORTATIF à l'usage des Officiers du génie, par le capitaine du génie Laisné, 1 vol. in-12 avec 100 planch., 2ᵉ édit. 1840. 12 fr.

Le comité du génie a décerné la médaille d'or à cet ouvrage.

ALLENT. Histoire du Corps du Génie, des siéges et des travaux qu'il a dirigés, et des changements que l'attaque, la défense, la construction et l'administration des forteresses ont reçus en France depuis l'origine de la fortification moderne jusqu'à nos jours ; *première partie*, depuis l'origine de la fortification moderne jusqu'à la fin du règne de Louis XIV. Paris 1805, 1 vol in-8. 7 fr.

BARDIN (général baron), auteur du Manuel d'infanterie, du Mémorial de l'officier d'infanterie, membre de l'académie des sciences de Turin, collaborateur du complément du Dictionnaire de l'Académie française, du Dictionnaire de la conversation, de l'Encyclopédie des gens du monde, etc., etc., Dictionnaire de l'armée de terre, ou Recherches historiques sur l'art et les usages militaires des anciens et des modernes ; dédié au roi par le lieutenant-colonel Mollière.

Nota. L'ouvrage aura environ 4,000 pages grand in-8, à deux colonnes, petits caractères (contenant la matière de 40 volumes ordinaires) fondus exprès. Il sera publié en 14 ou 16 parties d'environ 3 à 400 pages chacune. La pagination se suivra sans interruption, afin de donner aux souscripteurs la facilité de faire relier l'ouvrage en un ou plusieurs volumes, huit parties sont en vente. Il paraîtra une partie tous les trois mois.

Le prix de chaque partie est fixé à 7 fr., prix le plus bas qu'il soit possible d'établir.

Il sera tiré cent exemplaires sur papier vélin, dont le prix sera double.

On ne paiera rien d'avance.

BÉLAIR. Éléments de fortification, renfermant ce qu'il était nécessaire de conserver des ouvrages de Leblond, de Deidier, etc., et l'examen raisonnés des principes sur l'art des fortifications de Vauban, de Saxe, de Cormontaingne, de Robins, de Cugnot, etc.; avec un Dictionnaire militaire, et l'explication de 30 belles planches, etc., 2ᵉ édition; Paris, 1793, 1 vol. in-8. 30 planches. 6 fr.

BIRAGO (chevalier), major au grand état-major-général autrichien ; Recherches sur les équipages de ponts militaires en Europe, et Essai sur tout ce qui a rapport à l'amélioration de ce service, traduit de l'allemand. 1 vol. in-8. avec planches. 7 fr. 50

BOUSMARD. Essai général de fortification et d'attaque et défense des places, dans lequel ces deux sciences sont expliquées et mises l'une par l'autre à la portée de tout le monde ; ouvrage utile aux militaires de toutes les classes, *Troisième édition*, revue par M. Augoyat, chef de bataillon du génie, professeur à l'école royale d'État-major. Paris, 1837, 4 vol. in-8, et un atlas de 62 planch. in-4. 40 fr.

CAMP (capitaine de génie au service de S. M. le roi des Pays-Bas). Mémoires sur la fortification, contenant l'indication, le développement d'efficaces moyens de défense. 1 vol. in-8. avec plan. 7 fr. 50

CAVALLI (capitaine d'artillerie de S. M. Sarde, chevalier de l'ordre du mérite civil de Savoie, chevalier de 4ᵉ classe de l'ordre de Saint-Wladimir de Russie, et de la 3ᵉ classe de l'Aigle-Rouge de Prusse). Mémoires sur les équipages de ponts militaires, in-8 (avec dix planches). 7 fr. 50

CESSAC (le comte de). Guide de l'Officier particulier en campagne, ou Connaissances militaires nécessaires, pendant la guerre, aux officiers particuliers, 3ᵉ édition revue, 1816, 2 vol. in-8, avec planches. 13 fr. 50

CORMONTAINGNE. Mémorial pour la fortification, l'attaque et la défense des places, ouvrage posthume ; édition autographe, enrichie d'additions tirées des autres manuscrits de l'auteur. 3 vol. in-8, avec planches. 27 fr.

Ces volumes se vendent séparément :

— **Mémorial** pour la fortification permanente et passagère, 2ᵉ édition, *revue, corrigée et augmentée*. 1824. 9 fr.

— **Mémorial** pour l'attaque des places, 2ᵉ édit., revue avec autorisation, et précédé d'une notice sur Cormontaingne, par *Augoyat*. Paris, 1835. 9 fr.

— **Mémorial** pour la défense des places, 2ᵉ édit., *revue, corrigée et augmentée*, 1822. 9 fr.

DELAISTRE. Encyclopédie de l'ingénieur ou Dictionnaire des ponts et chaussées, Paris, 3 vol. in-8, et atlas. 40 fr.

DELAISTRE. La Science de l'Ingénieur divisée en trois parties, où l'on traite des chemins, des ponts, des canaux et des aqueducs, revue et augmentée par un ingénieur au Corps royal des ponts et chaussées, 1825. 3 vol in-4. 40 fr.

DOUGLAS (*Howard*). Essai sur les principes et la construction des Ponts militaires, et sur les passages des rivières en campagne ; traduit de l'anglais par J.-P. Vaillant, capitaine du génie. 1 vol. in-8, 13 planches, 1824. 7 fr.

DUFOUR. Mémorial pour les travaux de guerre. Genève, 1823, 1 vol. in-8, avec 6 planches, *Deuxième édition*. 7 fr.

DUFOUR. De la Fortification permanente. Genève, 1822, 1 vol. in-4, et atlas. 21 fr.

DUVIGNEAU. Exercice complet sur le tracé, le relief, la construction, l'attaque, et la défense des fortifications, 1 vol. in-8, avec un atlas in-folio, de 20 planches, 1830. 9 fr.

DUVIVIER. Essai sur la défense des états par les fortifications. 1 vol. in-8. 1826. 5 fr.

EMY. (colonel du génie). Du mouvement des ondes, et des travaux hydrauliques maritimes. 1 vol. in-4. avec atlas, 1831. 15 fr.

EMY. Description d'un nouveau système d'arcs pour les grandes charpentes. 1838, 1 vol. in-fol. 15 fr.

EMY. Cours élémentaire de fortification fait à l'école Spéciale militaire. 1 vol. in-8. et atlas in-4. 15 fr.

ÉMY (colonel du Génie). Traité de l'art de la Charpenterie.

Les architectes et les ingénieurs les plus célèbres, et les praticiens les plus habiles ont écrit sur la charpenterie. Ce qu'on trouve dans leurs œuvres et dans les traités particuliers qu'ils nous ont laissés, a pour objet des parties spéciales présentées isolément, et elles ne sont pas développées sous le point de vue et avec les détails que comportent leurs rapports entre elles et leurs applications dans tous les genres de construction. Ainsi, malgré l'importance de l'art et le mérite de ceux qui s'en sont occupés dans leurs écrits, nous manquons d'un *Traité général* de Charpenterie.

L'ouvrage du colonel Émy est destiné à remplir cette lacune.

2 volume in-4 avec atlas in-folio de 158 planches. 92 fr.

EXPOSÉ succinct de nouvelles idées sur l'art défensif, contenant l'aperçu d'une nouvelle théorie sur cet art, et de quelques dispositions propres à confirmer l'efficacité de cette même théorie. in-8 avec planches. 5 fr. 75

FAVÉ (capitaine d'artillerie). Nouveau système de défense des places fortes. 1 vol. in-8 avec atlas. 12 fr.

FISCHMEISTER (lieutenant en premier au corps des bombardiers.) Traité de Fortification de campagne et de défense et de l'attaque de ces fortifications avec un supplément sur les ponts militaires, à l'usage des écoles d'artillerie d'Autriche. 1 vol. in-8 et atlas. 15 fr.

FOISSAC-LATOUR. Traité théorique, pratique et élémentaire de la guerre de retranchements ; précédé des notions de géométrie dont la connaissance est nécessaire à tous les militaires, etc. Strasbourg, 1789, 2 vol. in-8. grand papier, 37 planches. 18 fr.

GAILLARD. Instruction sur la fortification de campagne, la défense et l'attaque des postes retranchés, précédé de quelques notions de baraquement et suivie de la nomenclature des parties qui composent un front de fortification bastionné, appartenant à l'enceinte d'une place forte. Paris, 1835, 1 vol in-18. 12 planches. 2 fr.

GAUDI. Instruction adressée aux officiers d'infanterie, pour tracer et construire toutes sortes d'ouvrages de campagne, et pour mettre en état de défense différents petits postes, etc.; augmenté par Belair, chef de brigade, 3ᵉ édition, Paris, 1821, 1 vol. in-8, 42 planches. 5 fr.

GAY DE VERNON. Traité d'Art militaire et de fortification à l'usage des élèves de l'école Polytechnique, 2 vol. in-8. Bruxelles, 1832. 30 fr.

GEY DE PITIUS (lieutenant-colonel du génie, chevalier de l'ordre Guillaume du Lion Néerlandais et de la Légion d'honneur). Description de la nouvelle citadelle de Gand, suivie d'une traduction de la relation du séjour des troupes néerlandaises dans cette place en 1830. 1 vol. in-4. avec planches. 10 fr.

GILLOT. Traité de fortification souterraine; ouvrage qui a remporté le second prix au concours proposé pour le meilleur ouvrage sur les mines, 1 vol. in-4, avec 16 planches, 1805. 15 fr.

GRIVET. Aide-mémoire de l'ingénieur militaire, ou recueil d'études et d'observations rassemblées et mises en ordre; l'ouvrage se composera de trois parties. 1re partie, Science et administration. 1 vol. in-8. 12 fr. 50

GUMPERTZ et LEBRUN. Traité pratique et théorique des Mines; ouvrage qui a obtenu une mention honorable au concours proposé pour le meilleur ouvrage sur les mines. Paris, 1805, 1 vol. in-4, 15 planches. 15 fr.

HAILLOT. Essai d'une instruction sur le passage des rivières et la construction des ponts militaires, à l'usage des troupes de toutes armes. 1 vol. in-8, avec planches. 12 fr.

INSTRUCTION sur le défilement des ouvrages de campagne, 3 pl. (à l'usage de l'école d'État-major.) 1830. 2 fr. 25

INSTRUCTION sur les campements, à l'usage de l'école d'État-major. 1 fr. 50

INSTRUCTION sur le service du génie en campagne, in-8, à l'usage de l'école d'Etat-major. 1 fr. 50

INSTRUCTION sur la fortification passagère, la défense et l'attaque des postes retranchés, précédée de notions sur le baraquement, et suivie de la nomenclature des parties qui composent un front bastionné. Rédigée pour les écoles régimentaires, in-12, 3e édition, 1843 avec planches. 2 fr.

JOHN-JONES (Colonel des ingénieurs anglais, aide-de-camp du roi). Mémoire sur les lignes de Torrès-Vedras, élevées pour couvrir Lisbonne en 1810, faisant suite aux Journaux des siéges entrepris par les alliés en Espagne. Traduit de l'anglais par M. Gosselin, traducteur des Journaux de siéges, etc., 1 vol. in-8, avec une carte topographique des lignes, et deux planches contenant les plans et profils des principaux ouvrages qui les composaient. Paris, 1832. 6 fr.

JOHN-JONES. Journaux des siéges entrepris par les Alliés en Espagne, pendant les années 1811 et 1812, suivis de deux discours sur l'organisation des armées anglaises, et sur les moyens de la perfectionner, avec notes; traduits de l'anglais. Paris, 1821, 1 vol. in-8 de 500 pages, avec 9 planches gravées. 8 fr.

LAISNÉ, Aide-mémoire portatif à l'usage des officiers du génie, publié avec l'autorisation du ministre de la guerre, qui a décerné à l'auteur un prix d'encouragement sur l'avis du comité de fortification. Paris, 1840, 1 vol. in-12 avec 100 planches, 2e édition, revue, corrigée et considérablement augmentée. 12 fr.

LEBAS. Aide-mémoire portatif d'art militaire et de fortification, à l'usage des officiers de l'armée en général, et des officiers et sous-officiers des troupes du Génie en particulier, publié par autorisation de M. le Ministre de la guerre, 2e édition, 1 vol. in-18 avec planches 1843. 5 fr.

JOACHIM MADELAINE (capitaine en retraite, ancien élève de l'école Polytechnique). Fortification permanente. Défauts des fronts bastionnés en usage. Modifications nécessaires. Bases d'un nouveau système. 1 vol. in 8 avec planches, 1844. 4 fr.

MANDAR. De l'architecture des forteresses, ou de l'art de fortifier les places et de disposer les établissements de tous genres qui ont rapport à la guerre. Ire partie : Essai sur la fortification, où l'on expose les progrès de cet art jusqu'à nos jours, etc. On y a joint la notice des ouvrages écrits sur l'art défensif. Paris, 1801, 1 vol. in-8, 8 planches. 9 fr.

MARCHI. Architettura militare di Francesco de Marchi, illustrata da Luigi Marini. Rome, 1810, 3 tomes en 6 vol. in-4, comprenant le texte et 2 atlas in-folio contenant 104 planch. gravées avec le plus grand soin. 300 fr.

MÉMOIRE sur la défense et l'armement des côtes, avec les plans et instructions approuvés par Napoléon, concernant les batteries de côtes, et suivi d'une notice sur les tours maximiliennes, accompagné de dessins. in-8. 5 fr.

MERKES (capitaine du génie au service de S. M. le roi des Pays-Bas). Essai sur les différentes méthodes tant anciennes que nouvelles, de construire les murs de revêtement, particulièrement ceux avec arceaux ou voûtes en décharge et les casemates défensives, à l'épreuve de la bombe; suivi de considérations sur les expériences faites en 1834 par l'artillerie saxonne sur les batteries blindées; traduit du hollandais et annoté par H.-C. Gaubert, capitaine du génie, ancien élève de l'école Polytechnique; avec approbation du Ministre de la guerre. 1 vol. in-8 avec atlas. 12 fr.

MERKES (major du génie, aide de camp de S. M. le roi de Hollande). Projet d'une nouvelle fortification ou tentatives d'amélioration dans le système bastionné, destiné pour les seuls fronts d'attaque d'une place, tant pour un terrain sec et humide, que sec et élevé, sauf quelques modifications faciles à saisir, les dépenses pour la maçonnerie qu'un front bastionné exécuté au complet, d'après l'école de Mézières (Cormontaingne corrigé). in-fol. cartonné. 6 fr.

MERKES (major du génie, aide de camp de S. M. le roi de Hollande). Résumé général concernant les différentes formes et les diverses applications des redoutes casematées, des petits forts, des tours défensives (tours à la Montalembert, tours modèles, tours maximiliennes), et des grands réduits, considérés sous les deux points de vue de la défense des places et de la défense des côtes, traduit du hollandais par R... in-8. 7 fr. 50

MORIN (chef d'escadron d'artillerie). Aide-mémoire de mécanique pratique à l'usage des officiers d'artillerie et des ingénieurs civils et militaires, 3e édition, 1843. 1 vol. in-8. 8 fr. 50

MOUZÉ. Traité de fortification souterraine, suivi de quatre mémoires sur les mines; ouvrage qui a remporté le premier prix au concours proposé pour le meilleur traité sur les mines. Paris, 1804, 1 vol. in-4, avec 20 planches. 18 fr.

MUSSET-PATAY (chef des bureaux du comité central du génie et du dépôt des archives des fortifications, secrétaire particulier de son Excellence le premier inspecteur général du génie). Relations des principaux siéges faits ou soutenus en Europe par les armées françaises depuis 1792, rédigées par MM. les officiers généraux et supérieurs du corps du génie qui en ont conduit l'attaque ou la défense, précédées d'un précis historique et chronologique des guerres de la France depuis 1792 jusqu'au traité de Presbourg en 1806 ; Paris, 1806, 2 vol. in-4, dont 1 de plans. 35 fr.

NOTICE sur les deux siéges de Metz de 1444 et 1552, suivie de la relation du simulacre du siége de cette ville pendant septembre 1844, et des opérations des camps de la Moselle. 1 vol. in-8, avec plan. 4 fr.

PAIXHANS. Force et faiblesse militaires de la France, essai sur la question générale de la défense des Etats et sur la guerre défensive, en prenant pour exemple les frontières actuelles et l'armée de France. 1 vol. in-8, 1830 9 fr.

POUSIN (major). Travaux d'améliorations intérieures, projetés et exécutés par le gouvernement général d'Amérique. 1 vol. in-4 et un atlas in-folio. 22 fr.

RABUSSON. De la défense générale du royaume dans ses rapports avec les moyens de défense de Paris, in-8. 6 fr.

RABUSSON. De l'agrandissement de l'enceinte des fortifications de Paris, côté de l'est, considérées dans ses rapports avec la défense de la ville et avec la défense générale du royaume. in-8. 4 fr.

ROGNIAT (lieutenant général du génie). Relation des siéges de Saragosse et de Tortose par les Français, dans la dernière guerre d'Espagne. Paris, 1844, 1 vol. in-4, avec deux planches. 7 fr. 5

ROGUET. Des lignes de circonvallation et de contrevallation. in-8, 7 plans, 1832. 4 fr.

SAINT-PAUL. Eléments de fortification, à l'usage des officiers des états-majors. Paris, 1811, 2 vol. in-8, avec planches. 25 fr.

SAINT-PAUL. Traité complet de fortification; ouvrage utile aux jeunes militaires, et mis à la portée de tout le monde. 2e édition, Paris, 1817, 2 vol. in-8, avec planches. 25 fr.

SAINTE-MARIE (de) (lieutenant colonel, adjoint au commandant de l'école d'Artillerie à Metz, officier de la Légion d'honneur). Service de l'artillerie dans l'armement des places et côtes. 1 vol. in-8 avec planches, 1844. 5 fr.

SIMONET (chef de bataillon au 30e de ligne). Traité élémentaire de fortification de campagne, à l'usage des officiers et des sous-officiers. 1 vol. in-8 avec planches. 1 fr. 50

TERNAY (colonel, marquis de). De la défense des Etats par les positions fortifiées, revu et corrigé sur les manuscrits de l'auteur par M. Mazé, professeur du cours d'artillerie à l'école d'état-major. 1 vol. in-8. 7 fr. 50

TIRLET (vicomte, lieutenant général d'artillerie). Des places de guerre, in-8. 2 fr.

TOUZAC. Traité de la défense intérieure et extérieure des redoutes, avec la méthode de les construire, tant en plaine qu'au sommet et au pied des montagnes; enfin, entre le sommet et le pied des montagnes et dans les vallons. Paris, 1785, 1 vol. in-8, 5 planc. 3 fr.

VAUBAN. Traité de l'attaque des places, nouvelle édition, entièrement conforme au manuscrit présenté par l'auteur au duc de Bourgogne, et augmenté de l'éloge du maréchal par Fontenelle ; publié avec l'autorisation de M. le Ministre de la guerre, par M. Augoyat, chef de bataillon du génie, 1829. 1 vol. in-8 et l'atlas. 12 fr.

VAUBAN. Traité de la défense des places, avec 16 grandes planches, nouvelle édition augmentée des agenda du maréchal sur l'attaque et la défense, et de ses notes critiques sur le discours de Deshoulières relatif à la défense; publié avec l'autorisation de son Exc. le Ministre de la guerre, par le général baron Valazé, 1829. 1 vol. in-8 et atlas. 12 fr.

Le vol. de l'attaque, celui de la défense, et l'atlas. 12 fr.

VAUBAN. Ses œuvres militaires, contenant l'attaque, la défense des places, et le traité des mines ; édition revue, corrigée et augmentée de développements, etc. par M.-M.-F.-P. Foissac. Paris, an 3, 3 vol. in-8, 56 planches. 15 fr.

VAUVILLIERS (colonel du génie en retraite). Essais sur de nouvelles considérations militaires. 1 vol. in-8, 1843. 6 fr.

VAUVILLIERS (colonel du génie en retraite). Essais sur les principes de la guerre appliqués à la fortification, in-8, 1824. 2 fr. 50

Sous presse:

RICHARD (ingénieur). Aide-mémoire des ingénieurs, 2 vol. in-8, dont un de planches.

TABLE DES PLANCHES.

PLANCHE I.
Fig. 1. Système moderne.
Fig. 2. Plan du tracé et du masque en cavalier du général Dufour.
Fig. 3. Coupe en capitale.

PLANCHE II.
Fig. 1. Retranchement en cavalier.
Fig. 2. Retranchement en tenaille.
Fig. 3. Retranchement bastionné.
Fig. 4. Escarpe détachée de Carnot.
Fig. 5. Retranchement casematé à feux courbes de Carnot avec glacis à contre-pente.
Fig. 6, 7. Ouvrages à cornes.
Fig. 8. Lunette du général Darçon.—Plan.
Fig. 9. Coupe en capitale de la lunette.

PLANCHE III.
Fig. 1. Modification proposée par l'auteur à la lunette du général Darçon.—Plan.
Fig. 2. Coupe sur une échelle quadruple.
Fig. 3, 4. Créneaux à champ de tir limité.

PLANCHE IV.
Tracé Noizet.—Plan.

PLANCHE V.
Plan, coupe et élévation d'une batterie casematée à l'Haxo

PLANCHE VI.
Tracé Chasseloup.—Plan.

PLANCHE VII.
Carte des fortifications de Lyon.

PLANCHE VIII.
Plan, coupe et élévation d'une batterie casematée projeté pour l'un des forts de Lyon.

PLANCHE IX.
Bastionnet du réduit d'un des forts de la rive gauche du Rhône.—Plan, coupe et élévation.

PLANCHE X.
Plan, coupe et élévation d'une caserne défensive.

PLANCHE XI.
Carte des fortifications de Paris.

PLANCHE XII.
Plan, coupe et élévation du fort Alexandre (rive gauche du Rhin à Coblentz).

PLANCHE XIII.
Plan de la citadelle d'Ehrenbreitstein à Coblentz et de ses environs.

PLANCHE XIV.
Fig. 1. Plan des fortifications de la ville de Lintz.
Fig. 2, 3. Plan et coupe d'une tour Maximilienne.
Fig. 4. Tracé du fort *C* de la ville de Rastadt, d'une portion de l'enceinte, dite *Mittler anschluss*, et d'une portion du fort Léopold.
Fig. 5, 6. Plan, coupe et élévation d'une tour à la Montalembert.

PLANCHE XV.
Fig. 1. Plan du tracé polygonal de Montalembert usité en Allemagne.
Fig. 2, 3, 4. Coupes en travers.
Fig. 5, 6. Plans d'une caponnière casematée.
Fig. 7. Coupe en travers.

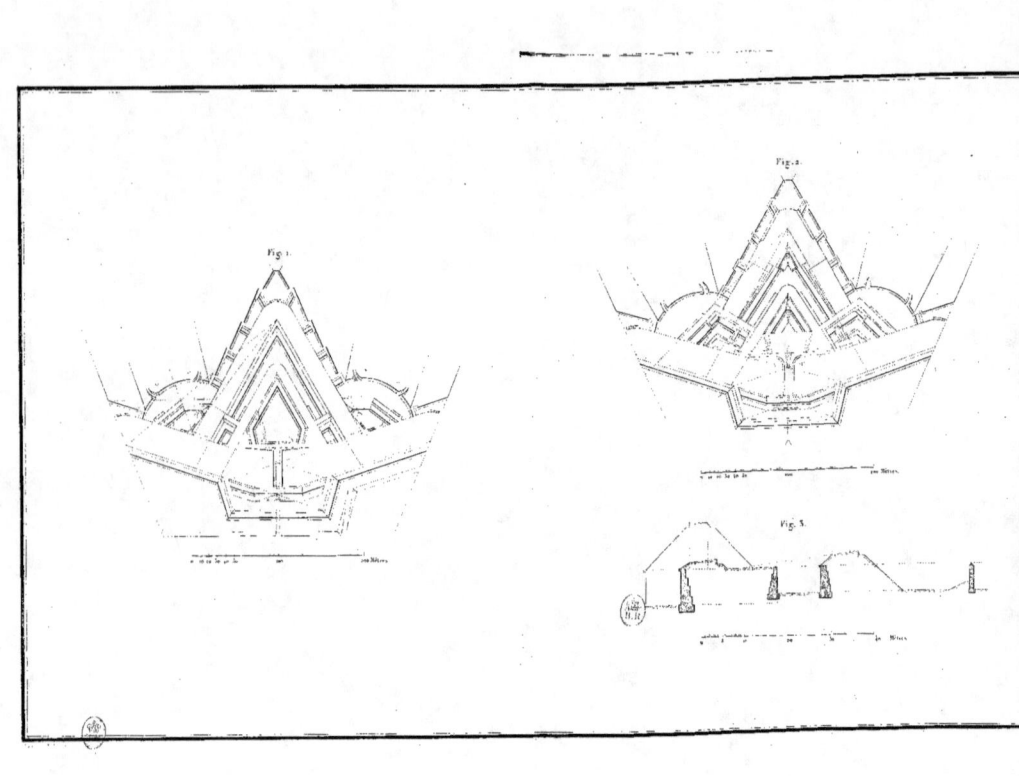

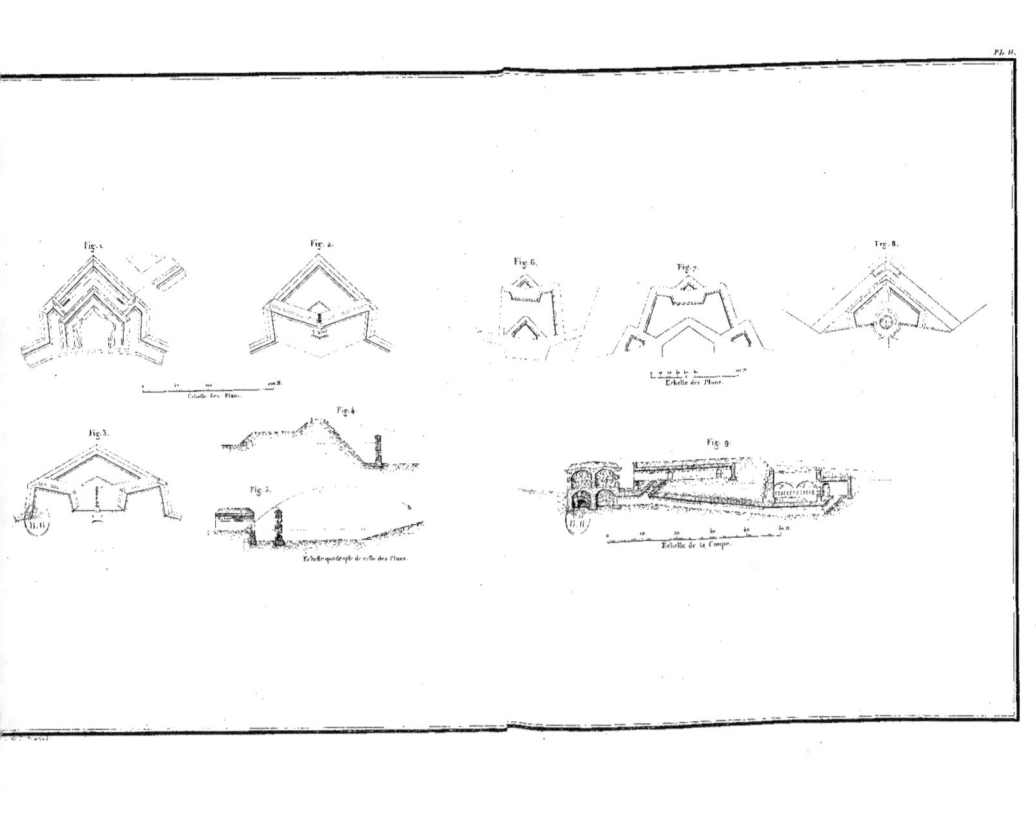

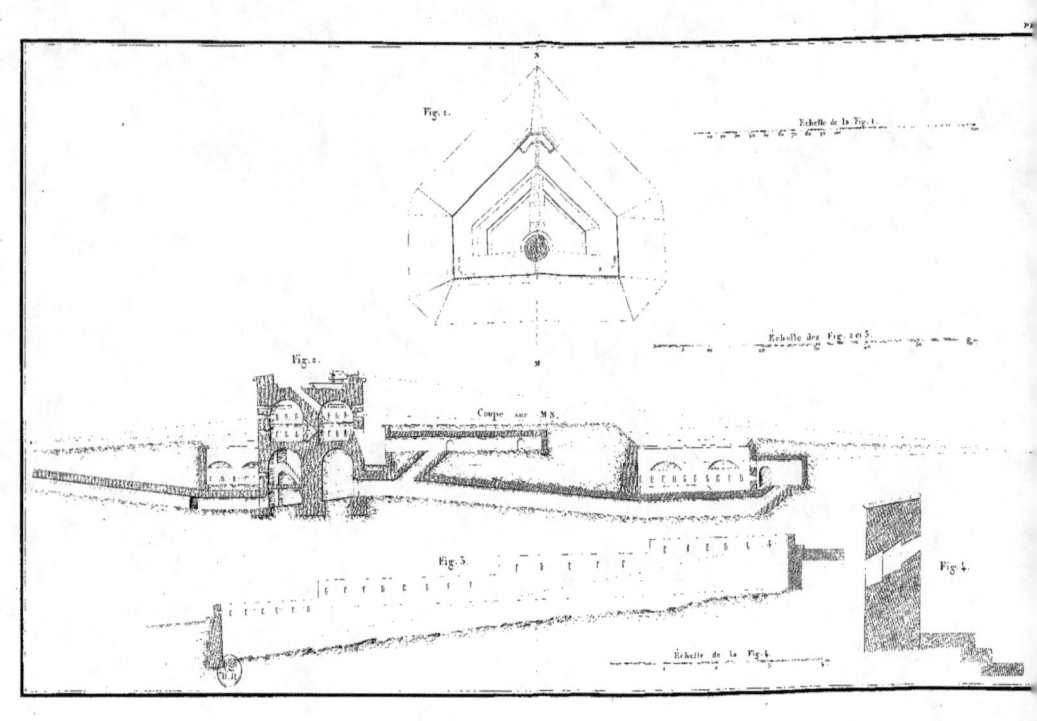

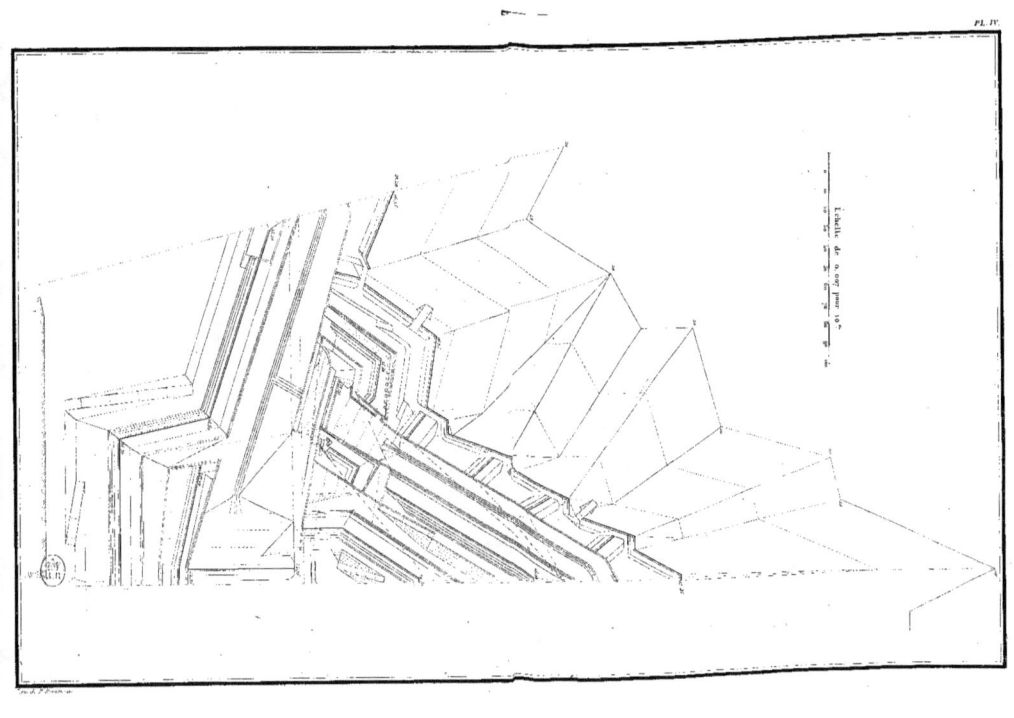

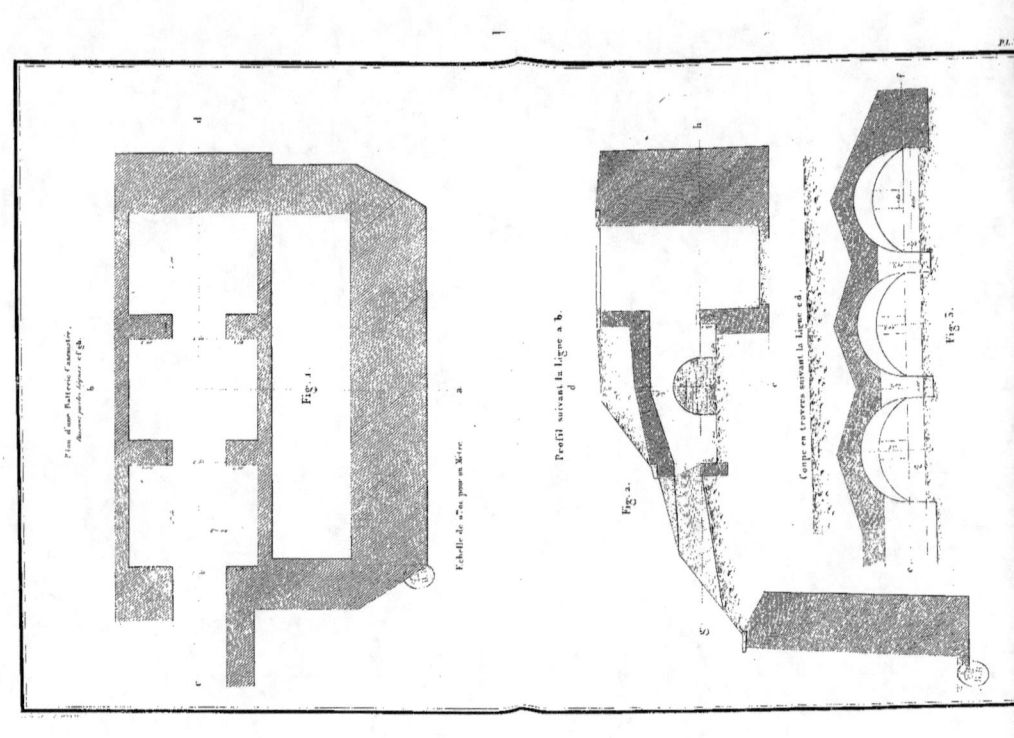

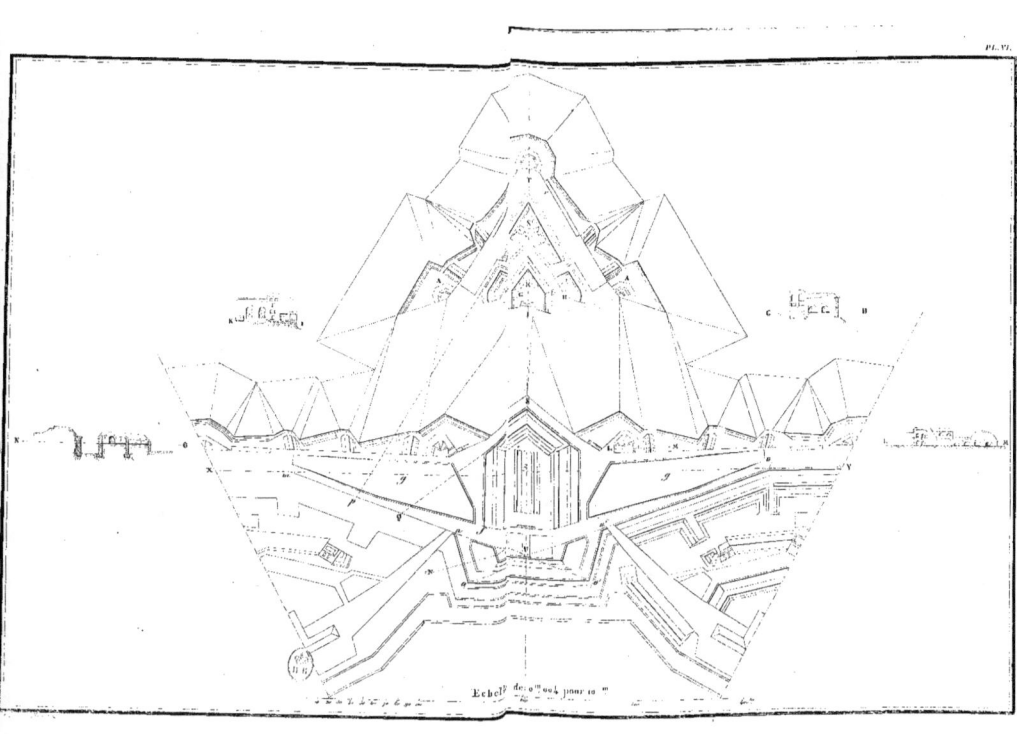

Pl. VI.

Echelle de 0.^m004 pour 10.^m

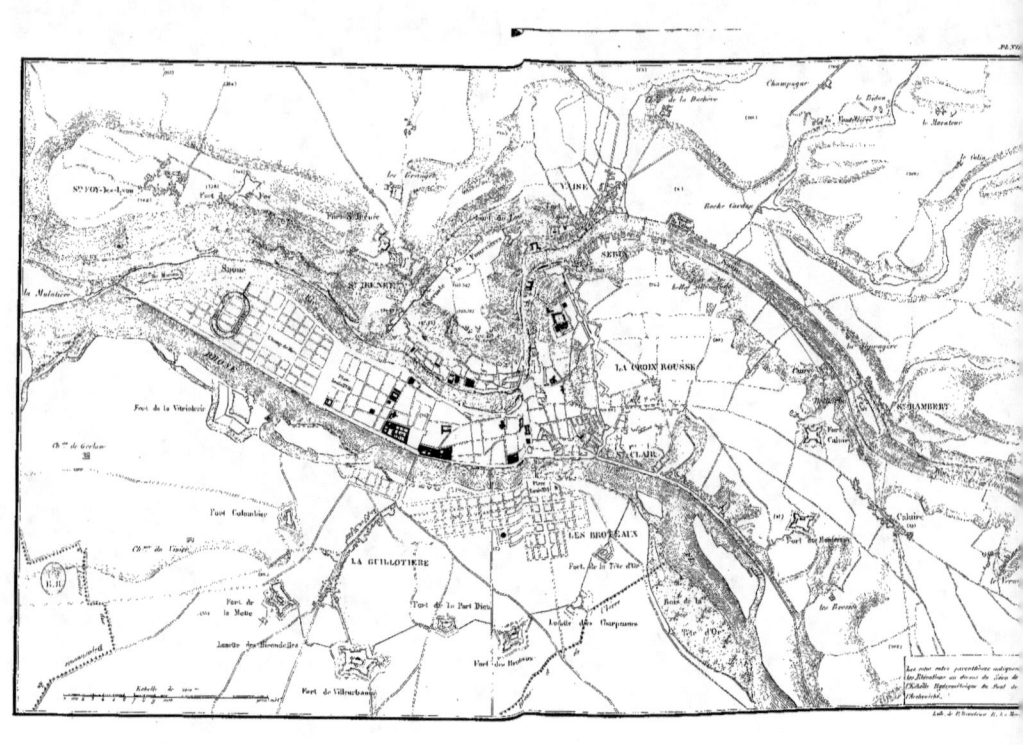

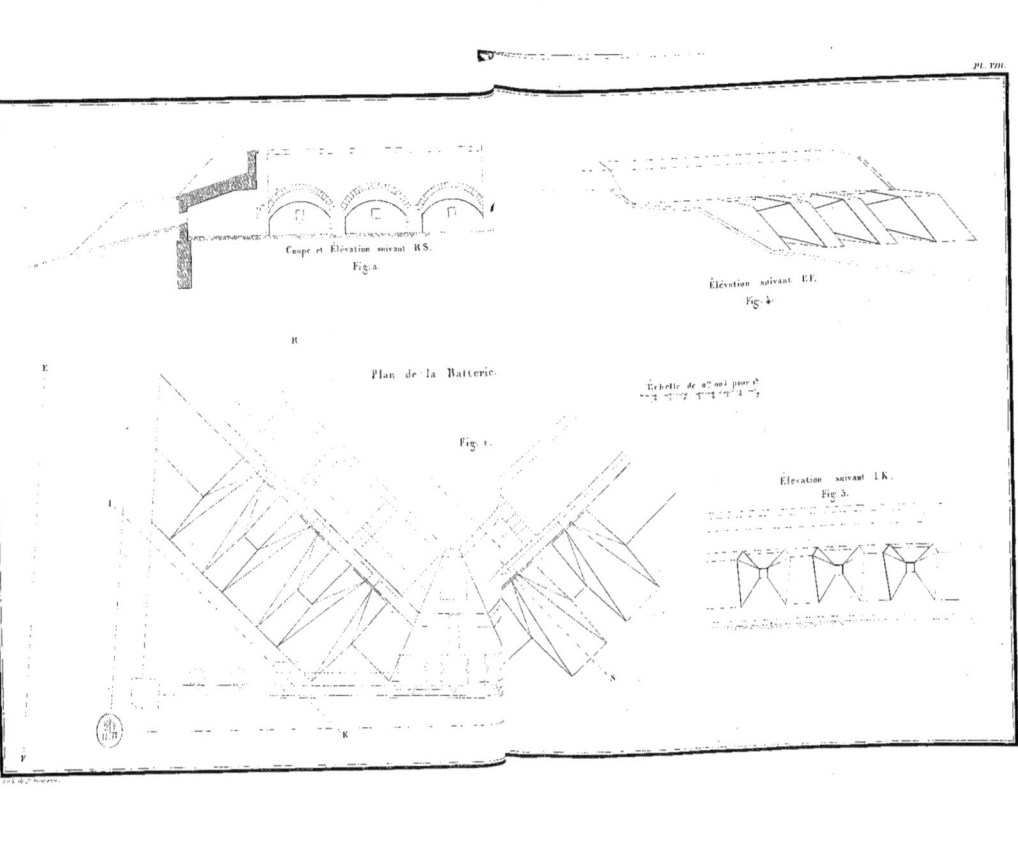

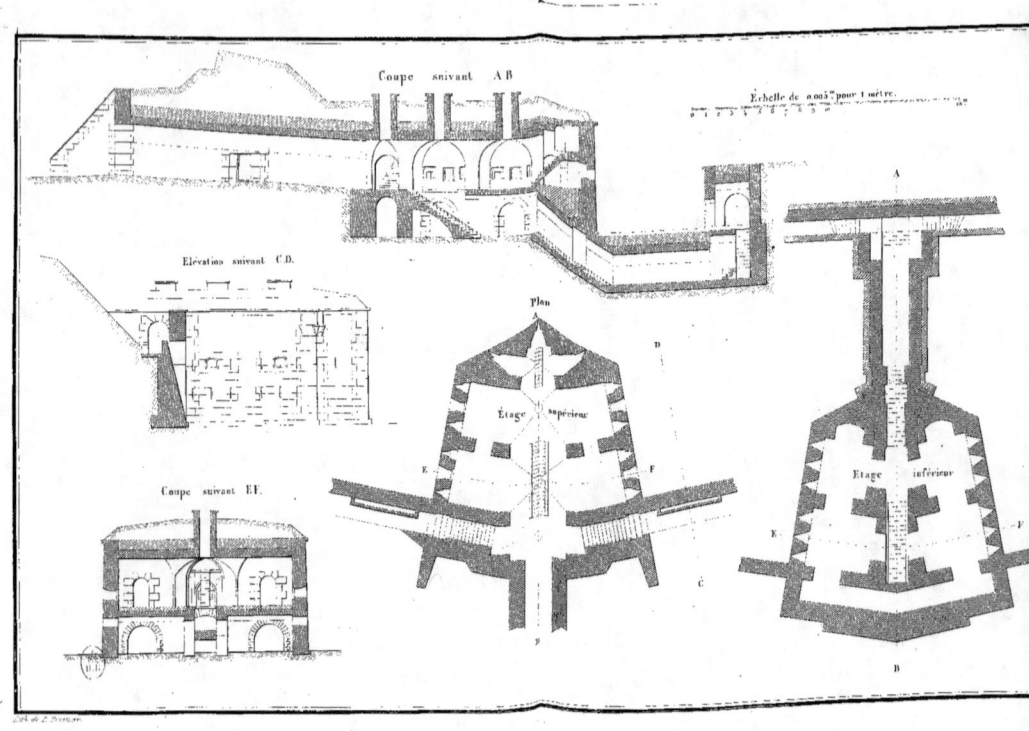

Fig. 1.

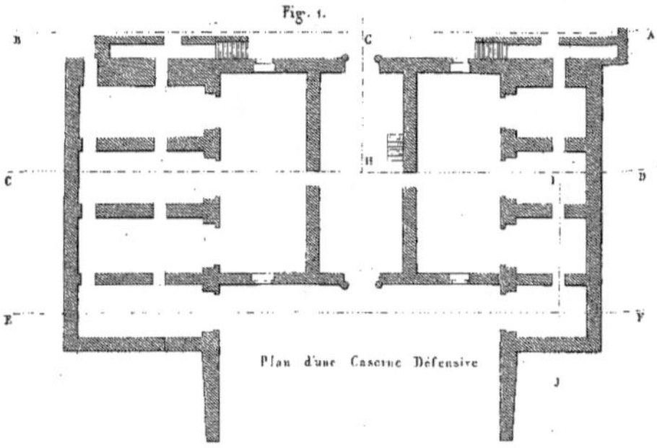

Plan d'une Caserne Défensive

Fig. 2.

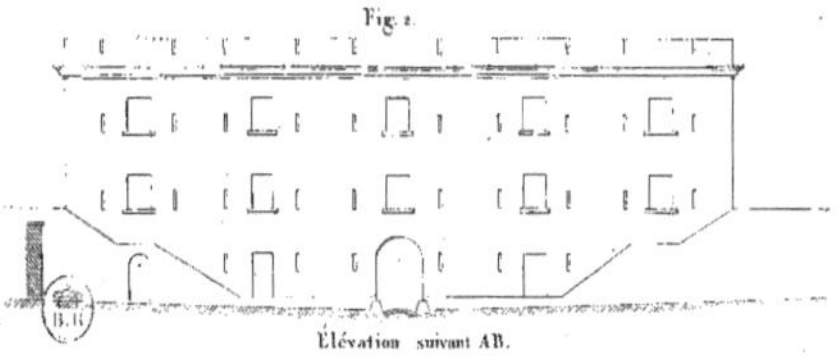

Élévation suivant AB.

Coupe longitudinale suivant CD.

Fig. 3.

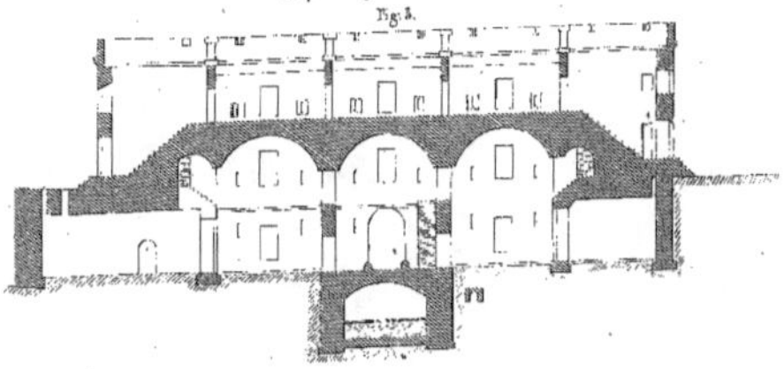

Fig. 4.

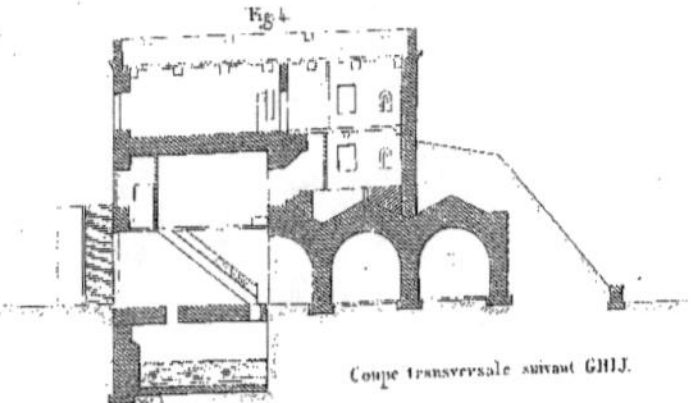

Coupe transversale suivant GHIJ.

Échelle de 0m 003 pour 1 Mètre.

Lith. de P. [illegible]

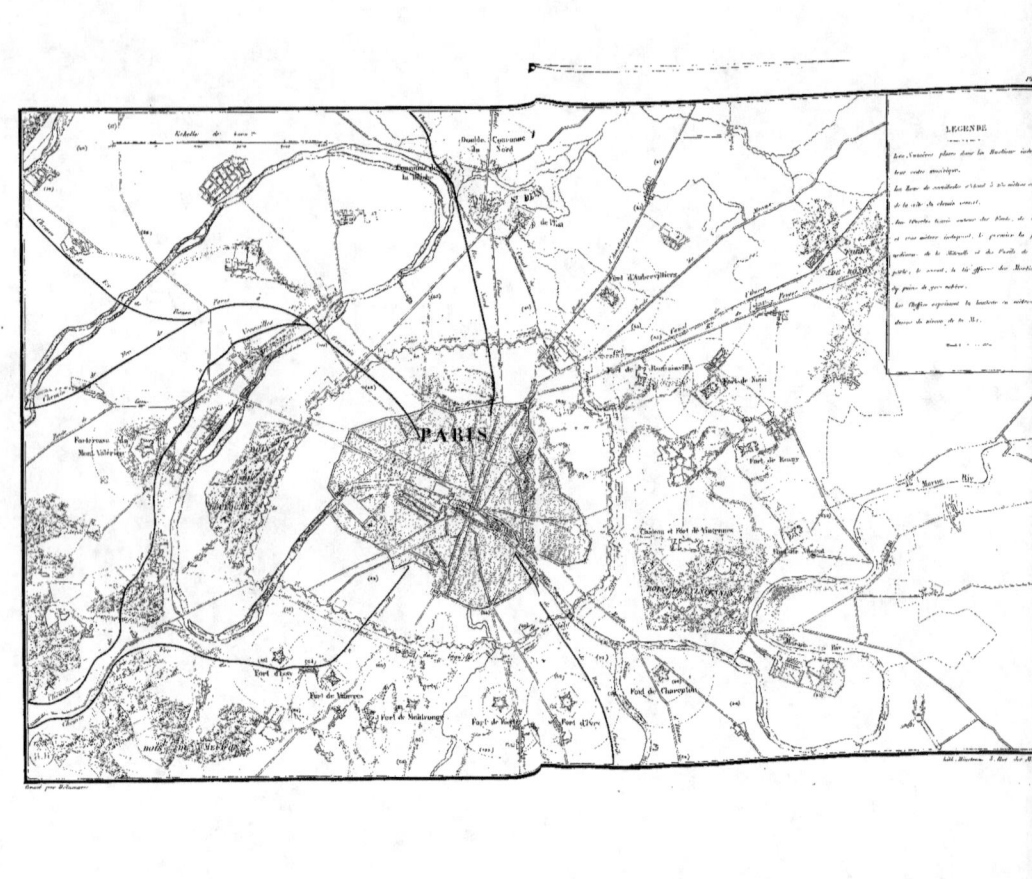

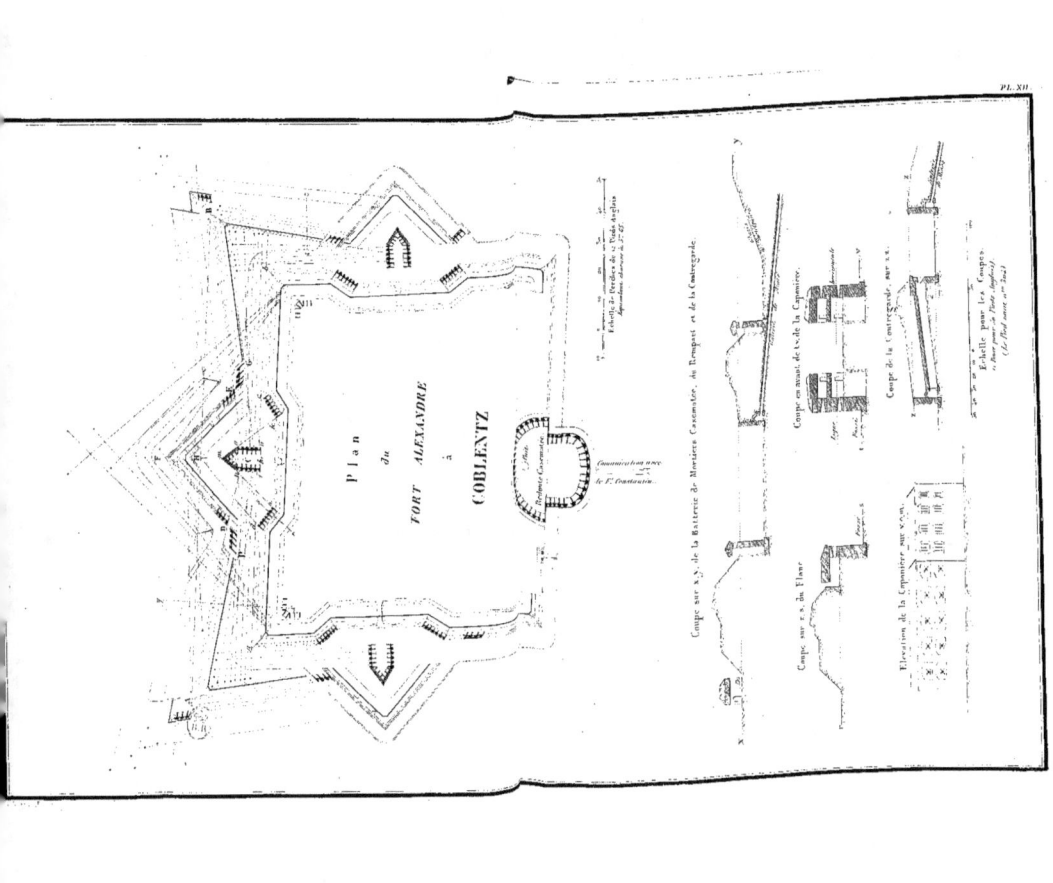

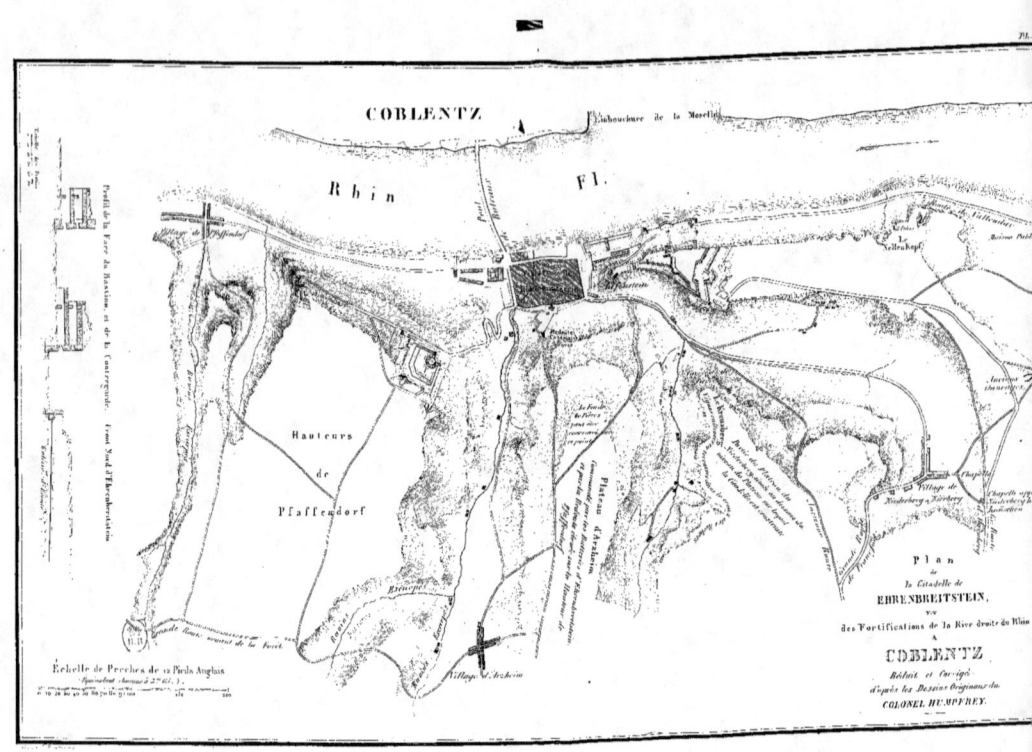

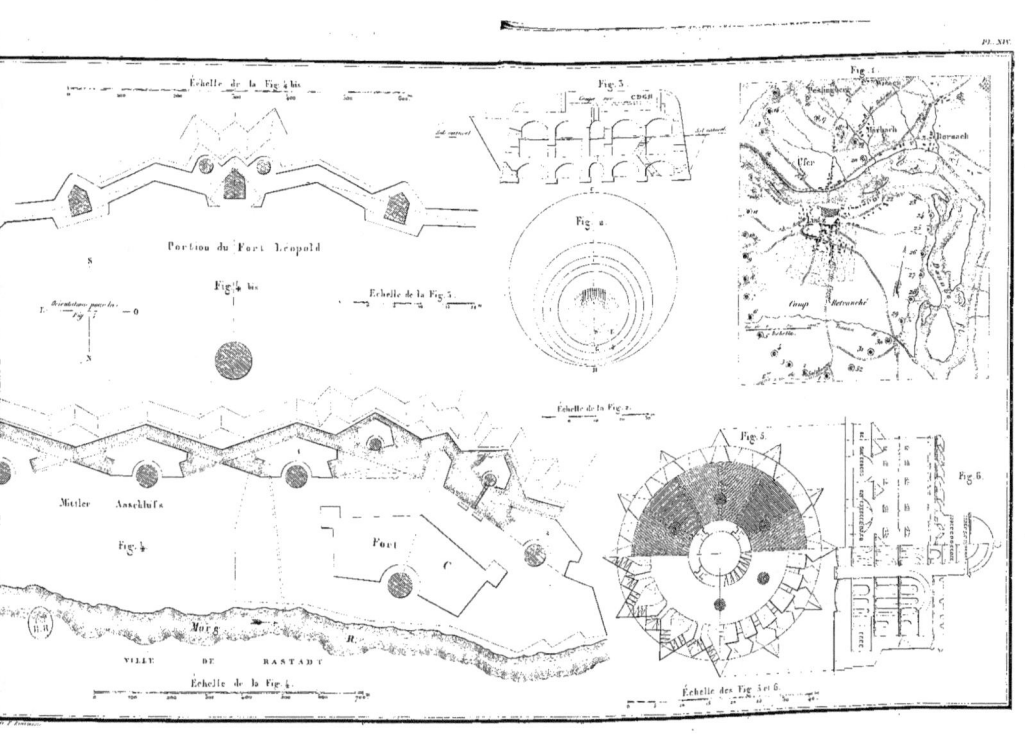

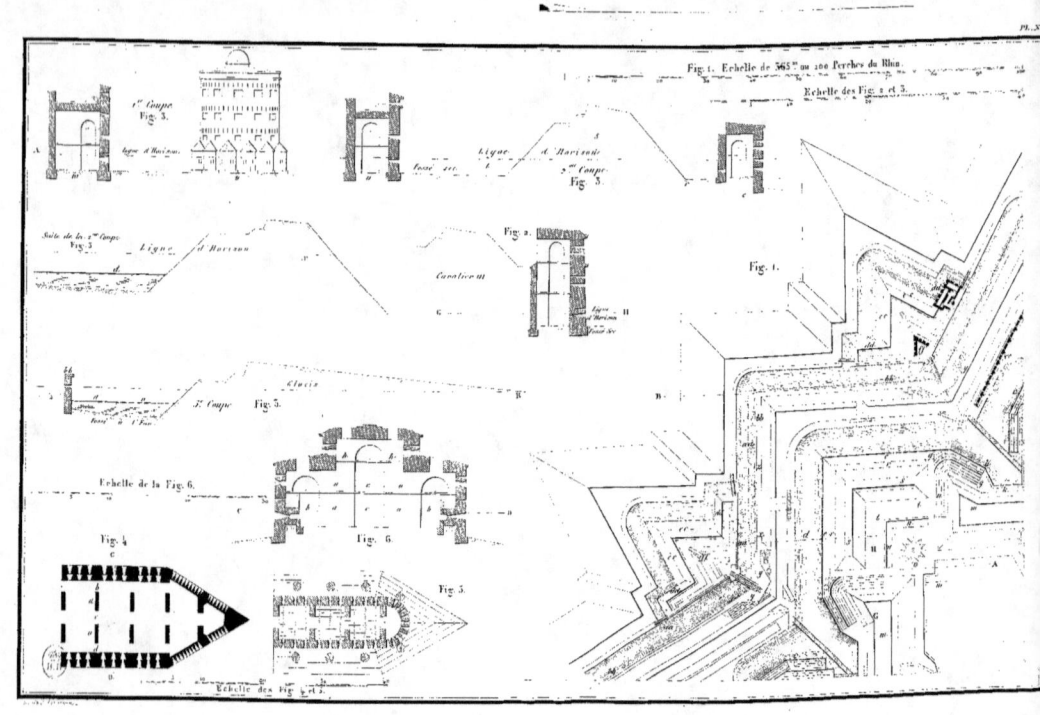

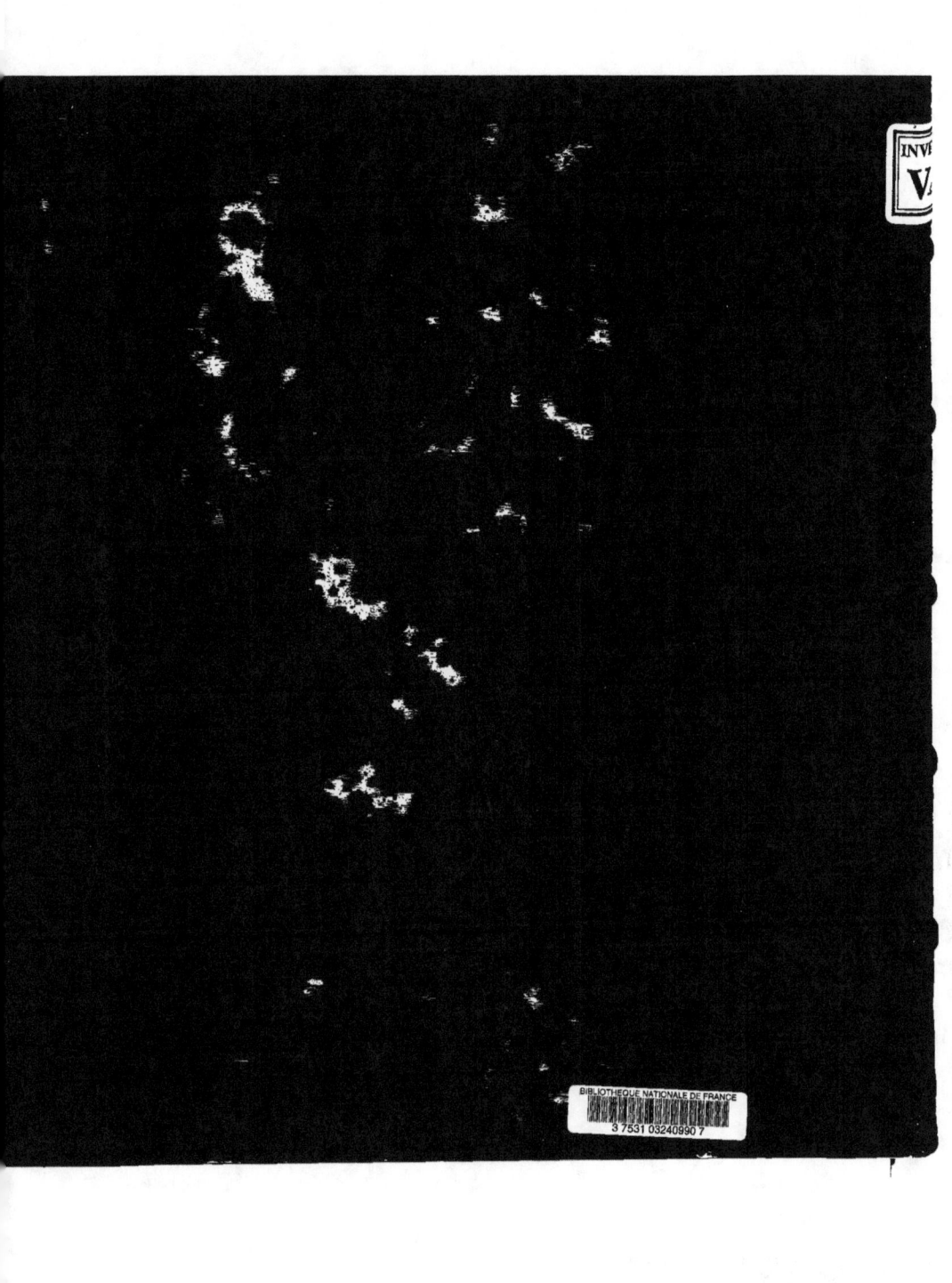

www.ingramcontent.com/pod-product-compliance
Lightning Source LLC
LaVergne TN
LVHW022126080426
835511LV00007B/1044